Conception graphique : Sandra Brys

RENOIR

UN ÉTERNEL ÉTÉ

Texte : Jacqueline Loumaye
Illustrations : Frédéric Thiry

— J'ai gagné ! Regarde mon nom à la deuxième ligne !

— Eléonore Perruchet, élève de... C à... ânonne Pauline.

Vraiment j'ai honte d'avoir une petite sœur de huit ans qui lit encore aussi mal. Pourtant ce ne sont pas les livres qui manquent à la maison. Tous, nous adorons lire. Même Fouillis qui grignote les pages dès qu'elles lui tombent sous la dent. C'est sa manière de partager les goûts de la famille !

— Tu n'as pas gagné le voyage puisque tu n'es pas la première !

— Non mais ! Elle est jalouse ou quoi ? Lis donc ! Les deux premiers sont ex aequo et gagnent le voyage "Dans les pas de Renoir" ! Pour remercier Nathalie qui m'a aidée, je vais d'ailleurs l'inviter à m'accompagner !

— Et moi alors ?

— J'hésite... Il est vrai que la collection "Le jardin des peintres", qui a organisé le concours, s'adresse aux enfants à partir de huit ans. Mais encore faut-il qu'ils soient évolués !

— Evoluée ? Je le suis tout à fait ! La preuve, c'est moi qui ai fait remarquer que le mot "canotier" pouvait avoir un sens caché...

Soyons juste ! Il y avait un attrape-nigaud dans le concours. Le "déjeuner des canotiers" n'était pas un déjeuner de chapeaux... comme je l'avais d'abord cru. "Cano... tier, cano... tier !" avait réfléchi Pauline. "Canot..." Elle était sur la piste.

— Bravo ! a applaudi Nathalie. Il s'agissait d'un repas qui réunissait les fanas de canotage sur la Seine le dimanche. Ils portaient un drôle de petit chapeau rond sur la tête que l'on appela "canotier" ! En fait, les canotiers étaient des rameurs. Ce tableau est peut-être le plus célèbre de Renoir. Formidable Nathalie ! Elle sait tout sur tout : l'art, l'histoire, les bouquets ! De plus, elle adore la peinture de Renoir ! On la comprend ! Grâce à ce concours, nous aussi, nous avions découvert la peinture la plus joyeuse qui puisse exister. N'avait-on pas tout de suite envie d'aller s'asseoir à cette table et de prendre un petit dessert avec les convives ?

— Au moment où Renoir peignit ce tableau, il avait déjà vécu bien des expériences et des combats. Avec cette œuvre, il atteignit un sommet de l'art. Mais cela ne l'empêcha pas de continuer ses recherches et au fil des années de renouveler sans cesse sa manière de peindre. La vie de Renoir est une longue découverte.

Le déjeuner des canotiers, 1880-81. **Huile sur toile, 129,5 x 172,5 cm. "Je suis en train de peindre un tableau représentant des canotiers, auquel je pense depuis longtemps... Il est bon de temps à autre de se lancer dans des projets dépassant un peu ses propres limites."**

"Moi, j'aime les tableaux qui me donnent envie de me balader dedans…"

Renoir

Sur ces pas, partons à la découverte d'une œuvre d'une grande diversité, sans cesse en évolution, malgré une marche incertaine et capricieuse, des hésitations, des contradictions, des retours en arrière et puis de formidables sauts en avant.

Sixième d'une famille de sept enfants, Renoir naît à Limoges le 25 février 1841. Son père est tailleur, sa mère est couturière. Le petit Pierre-Auguste n'aura aucun souvenir de sa ville natale. Il n'a que trois ans quand ses parents s'installent à Paris. À l'âge de treize ans, il entre comme apprenti dans un atelier de porcelaine, Levy frère et compagnie. À la fermeture de l'atelier pour des raisons économiques, le jeune Renoir gagne sa vie en peignant des éventails. À cette époque, il commence à fréquenter les cours du soir de dessin et d'arts décoratifs. Fier de sa formation artisanale, Renoir ne croit pas vraiment aux méthodes des écoles des beaux-arts. Il décide de s'inscrire au bureau des copies du Louvre où il découvre ceux qui seront ses vrais premiers maîtres, Delacroix, Vélasquez et Courbet, dont l'art réaliste inspire d'abord ses œuvres. Il entre ensuite dans l'atelier du peintre Charles Gleyre où il fera connaissance d'Alfred Sisley, Frédéric Bazille et Claude Monet qui deviennent pour lui des amis. Ensemble, ils vont peindre en forêt de Fontainebleau. Devant le spectacle de la nature et sous l'influence de l'école de Barbizon installée à l'orée de la forêt, commence pour Renoir sa recherche artistique personnelle qui le conduira vers une nouvelle peinture fluide et colorée que l'on allait appeler l'impressionnisme. Dans quelle mesure y a-t-il adhéré ? Renoir peint parce qu'il aime peindre et comme il le ressent, avec bonheur. "Il faut embellir.", "Il est fait pour peindre comme une vigne pour donner du vin !" dit sa femme Aline, fille de vignerons. Tel est son secret et le véritable sens de toutes ses démarches. Attentif aux nouveautés, il se réfère néanmoins de préférence aux grands maîtres du passé plutôt qu'à ses contemporains. Il veut une peinture durable, hors du temps.

Or l'impressionnisme privilégie une peinture de l'instant et d'émotion. Entre ces deux pôles, il va longtemps hésiter. Sensibilisé par les nouvelles techniques, il éclaircit sa palette, utilise la couleur pure directement sortie du tube, qui a l'avantage d'être facilement transportable en plein air, travaille par petites touches juxtaposées et s'attache à rendre les effets de lumière dans le paysage. Tout ceci sans jamais renoncer à la figure ! Portraitiste d'abord par sa formation classique (ce qui contribuera au début à assurer sa subsistance), il restera longtemps préoccupé par l'intégration des personnages dans la nature. Il ne peut se résoudre à réduire l'être humain à une silhouette dont la forme se perd dans la vibration de la lumière. Redoutant les effets exagérés de l'impressionnisme, il envisage alors un retour à un dessin plus ferme et à une facture plus lisse. Cette contrainte qu'il s'impose à la suite d'un voyage en Italie, le conduit à cette période sèche appelée "aigre" où sa peinture perd beaucoup de son éclat et de sa spontanéité. Il ne s'attarde guère à cette manière peu conforme à sa nature profonde généreuse et si proche de la vie. Peut-être cette expérience lui sert-elle tout de même à affirmer sa technique de dessin et à retrouver une rigueur sur laquelle s'appuie son œuvre future. Toujours avide de découvertes, il voyage beaucoup à travers la France, de Paris à Essoyes en Bourgogne, le pays de sa femme Aline Charigot. Il va dans le Sud, retourne en Italie, puis en Algérie. Il revient à Paris. Il change constamment d'atelier ! Une vraie vie de nomade malgré un rhumatisme envahissant au point d'en faire peu à peu un infirme. Puis, au bout de ses recherches, survient la consécration mais aussi la fin de l'impressionnisme pur, vu l'importance donnée aux personnages croqués sur le vif.

Son art atteint une plénitude et une force exceptionnelle. Peintre de la femme et du nu avec un trait qui s'adoucit et devient modelé proche de la sculpture. Peintre de l'enfance émouvante, excellant à rendre le velouté d'une peau "qui ne repousse pas la lumière". Peintre de cette période nacrée où la lumière chaude baigne un univers de bonheur, de fruits, de fleurs, où la femme et l'enfant sont rois. Peintre d'un paradis où les drames de l'époque n'ont pas de place, où la vie est tout entière une fête, où le dernier chemin mène à la réconciliation.

Jean écrivant, 1901
Huile sur toile,
45,1 x 54,5 cm

GRAND CONCOURS

JARDIN DES PEINTRES

Dans les pas de Renoir

1er prix :
Deux voyages sur les traces de l'artiste
(Paris - Cagnes-sur-Mer)

Entrées gratuites dans plusieurs musées, bons pour différentes animations)

Réservé aux enfants de plus de 8 ans.

1. Que représente *Le Déjeuner des canotiers* de Renoir ?
2. Quel est le nom du restaurant peint sur cette toile ?
3. Dans quelle région se situe le *Chemin montant dans les hautes herbes* ?
4. Quel est le nom de la dernière demeure de Renoir ?

Question subsidiaire :

Que vous suggère le tableau *Les baigneuses*, peint par Renoir en 1918-1919 ?

Les gagnants qui préféreraient faire le voyage en voiture recevront la contre-valeur de deux allers-retours en train. Les bons offerts par la maison d'édition sont valables pour la seule année en cours.

Les réponses (avec nom et adresse complète du concurrent) devront être envoyées sur carte postale à Madame Lafournette, rue des Hortensias. 75006 Paris.

Les bulletins gagnants seront tirés au sort par Maître Fricot.

Les questions du concours n'avaient pas toujours été faciles mais notre enthousiasme et les indications de notre amie nous avaient conduites vers le succès. Nous avions gagné le voyage "Dans les pas de Renoir" !

La semaine suivante, nous avons été reçues, Pauline, Nathalie et moi, dans un bureau très clair aux murs tapissés d'images de livres pour enfants. Une dame très gentille nous a remis une série de "bons" en nous souhaitant d'excellentes vacances ensoleillées…

Puis, un matin bleu et radieux, nous sommes parties. Notre première rencontre avec Renoir devait avoir lieu en pleine nature, avait décidé Nathalie. Nous allions comprendre pourquoi.

Finalement nous étions quatre dans la petite voiture car, au dernier moment, nous n'avons pas pu refuser à Fouillis une promenade en forêt !

Cinquante ans avant Renoir, beaucoup d'artistes venaient déjà peindre en forêt de Fontainebleau. Il y eut Camille Corot qui aimait la douceur de la lumière dans les allées. Puis les peintres de l'école de Barbizon qui peignaient les tombées du jour, les ciels orageux en teintes sombres, au "jus de pruneau"! La plupart ne brossaient au dehors que les ébauches de leurs tableaux.
Ils les achevaient dans leurs ateliers.
C'est alors qu'un nouveau groupe apparut qui subit à son tour l'envoûtement de la forêt : Bazille, Sisley, Monet, Renoir! Désormais on peint "sur le motif": le tableau est brossé et achevé sur place! Les palettes s'éclaircissent. Une nouvelles peinture vient de naître!

Par la fenêtre ouverte arrivaient déjà des senteurs sauvages et inconnues…
Dès l'arrêt, notre chien bondit hors de la voiture et fila loin devant nous. Nous pénétrions dans un monde mystérieux d'ombres et d'éclats de lumière, de silence et de bruits quelque peu oubliés… Le sentier s'enfouissait sous la mousse et les fleurs sauvages. A la cime des arbres, le soleil jouait entre les branches.
— C'est ainsi, nous dit Nathalie, que Pierre-Auguste Renoir s'en allait tout seul dans la forêt avec ses pinceaux, son chevalet et, dans sa besace, des morceaux de pain pour les cerfs et les biches habitués à sa présence.
— Et nous ? On va en voir aussi ? a demandé Pauline.
— Si Fouillis ne les fait pas fuir… Chut !
Au-dessus de nous, un geai s'envolait en ouvrant ses ailes décorées de bleu. Toute la forêt résonnait de sifflements d'oiseaux. Fouillis en attrapait le tournis !
— A partir de 1850 environ, reprit Nathalie, c'était très à la mode de peindre en plein air. La lumière envahissait les toiles. Les artistes peignaient l'eau, la neige, les fleurs, les feuilles,… tout ce qui faisait jouer la lumière. "Le paysage, c'est un sport !" disait Renoir qui rentrait épuisé de ses randonnées en forêt. Souvent des amis l'accompagnaient… Bazille, Sisley, Monet.
Autour de nous aussi la forêt s'éclairait.
— C'est peut-être ici que Renoir a peint *Lise à l'ombrelle*… chuchota Nathalie.
— En pleine forêt ! s'est étonnée Pauline en prenant la pose contre un gros tronc d'arbre.
— Bien sûr, la longue robe blanche et lumineuse de Lise était plus surprenante sur un fond d'arbres que dans le fauteuil d'un salon.

En 1841, l'année de la naissance de Renoir, le premier tube de peinture est mis au point. Cette invention révolutionna la manière de peindre de beaucoup d'artistes : "Ce sont les couleurs en tube, facilement transportables, qui nous ont permis de peindre complètement sur nature : sans les couleurs en tube, pas de Cézanne, pas de Monet, pas de Sisley, pas de Pissarro, pas de ce que les journalistes devaient appeler les impressionnistes", aurait dit Renoir.

Vous rappelez-vous comme Renoir était amoureux de la jeune femme ? C'est sûrement pour cela qu'il a réussi un aussi beau tableau. La première de ses œuvres qui fut reçue au Salon de Peinture en 1868 ! Un grand honneur pour un jeune peintre ! Dans le contraste du noir de la ceinture et du blanc de la robe, on a vu l'influence de son ami Manet. Celui-ci, à cause de ses audaces, était considéré comme le chef de file de la nouvelle école. Renoir, moins agressif, respectait les passages entre l'ombre et la lumière et adoucissait les contours. Dans le noir de la ceinture apparaissent les petites touches de vert reflétées par le feuillage ! A nos pieds, Fouillis épuisé par ses courses folles, s'endormait. Lise à l'ombrelle s'en était allée dans les bois... Et maintenant, c'était l'heure du pique-nique.

Lise à l'ombrelle, **1867.**
Huile sur toile,
184 x 115 cm.
Le modèle qui posa pour cette toile est Lise Tréhot, la compagne de Renoir.

Sous l'influence du peintre Diaz, son aîné, Renoir change complètement sa manière. Ses couleurs sont modifiées par les jeux de lumière. "Tu es fou! lui disait Sisley. Quelle idée de faire des arbres bleus et des terrains lilas!" Renoir expérimente tout!

Nathalie connaissait tous les chemins, même les plus secrets. On avait l'impression que les petits ruisseaux ne passaient ici que pour nous ! Fouillis s'y était jeté, suivi de Pauline ! C'était à qui éclabousserait le plus !

Pendant ce temps, j'aidais Nathalie à ouvrir le panier de pique-nique. Il débordait de fruits, de légumes… ! Un chef-d'œuvre !

— Il y a beaucoup trop. Il aurait fallu inviter tous nos amis et les amis de nos amis !

Ce devait être une formule magique car tout de suite après l'avoir prononcée, Nathalie me tirait par le bras…

— Ils pourraient bien arriver… C'est l'heure de leur promenade !

— Qui cela ? demanda Pauline en regardant autour d'elle.

— Le couple Sisley ! C'était les grands amis de Renoir. Les deux artistes s'étaient rencontrés dans un atelier de Paris. Souvent ils peignaient ensemble en forêt de Fontainebleau. Ce jour-là, Sisley avait amené sa jolie compagne vêtue de sa belle robe rayée rouge et jaune. Elle savait peut-être que Renoir aimait les tons vifs et contrastés. Il avait le culte de la couleur et déjà, à 27 ans, une virtuosité exceptionnelle que Fantin-Latour, Monet et les peintres de son entourage admiraient. Et pourtant, il peignait par plaisir. A son maître d'atelier qui lui avait demandé ironiquement quelques années plus tôt : "C'est sans doute pour vous amuser que vous faites de la peinture ?", il avait répondu : "Si ça ne m'amusait pas, je vous prie de croire que je n'en ferais pas !" Renoir tournait le dos à la peinture académique. Vivement une peinture fraîche, gaie et naturelle. "Le feu aux 'Pompiers' !" clamait-il avec d'autres jeunes artistes qui s'en allaient planter leurs

14

chevalets dans les champs, dans les jardins et au bord des rivières…

— Ils devaient avoir bonne mine !

— Comme leur peinture qui prenait aussi de belles couleurs ! Mais il est temps de partir ! décida Nathalie. Si nous voulons arriver avant la nuit…

Arriver où ? C'était une surprise ! Il fallait trouver la route. Suivre la Seine ! Plus facile à dire qu'à faire !

Le couple Sisley, **1868.**
Huile sur toile, 106 x 74 cm.

— Tante Mimie ! appela Nathalie en ouvrant la porte.

Nous étions arrivés dans une maison extra-ordinaire ! On aurait dit que tout le jardin y était entré. Les feuilles, les fleurs et les branches ! Il y en avait partout ! Sur les murs, sur les portes et même au plafond. Soudain Tante Mimie apparut souriante, revêtue d'un grand tablier blanc couvert de couleurs. Une palette vivante !

— Je te présente mes amis ! dit Nathalie.

Pauline tendit un bouquet de fleurs sauvages cueillies dans la forêt.

Bouquet de tulipes,
Huile sur toile, 44 x 37 cm.

— Merci ! Il est superbe ! déclara Tante Mimie. Je vais le peindre !

Elle peignait tous les bouquets qu'on lui offrait. Ainsi, ils duraient bien plus long-temps que dans les vases...

— Quelqu'un faisait cela avant moi... ajouta-t-elle avec un petit air mystérieux.

— Auguste Renoir ! J'en suis sûre !

— Bravo ! C'est Nathalie qui vous a appris cela ? Renoir adorait les fleurs ! Il disait : "Cela me repose la cervelle de peindre les fleurs... je pose des tons, j'essaye des valeurs hardiment !" Il avait d'ailleurs commencé par peindre de petites fleurs sur des assiettes pour gagner sa vie. Regardez cette reproduc-tion ! dit Tante Mimie en nous montrant un bouquet éclatant. On dirait une brassée de fleurs fraîchement cueillies. N'ont-elles pas l'air de se dire bonjour, tournées l'une vers l'autre ?

Chez Tante Mimie, les fleurs parlaient...

— Chez Renoir aussi la nature parle. Un jour où il faisait le portrait de son petit garçon, la bonne, pour le tenir tranquille, lui racontait l'histoire du *Vilain petit canard*... Un visiteur arriva : "Comment ? dit-il. Vous laissez racon-ter à votre fils des contes de fées, des men-songes ? Il va croire que les bêtes parlent !" — "Mais elles parlent !" répondit Renoir.

— Vous l'avez bien connu, Madame ? deman-da alors Pauline.

— Oh non ! répondit Tante Mimie en riant. Car je n'ai quand même pas 80 ans !

Tante Mimie nous proposa alors de rester quelques jours chez elle.

— Je sens que nous allons bien nous entendre! dit-elle.

Nous n'en doutions pas !

A 17 ans, Auguste Renoir devint apprenti chez un artisan d'art à Paris. Il réalisa chez lui des milliers de Marie-Antoinette sur porcelaine. Chaque profil de la reine de France lui rapportait huit sous!

— Vous n'y pensez pas, ma chère ! Il y a plus de cent ans que tout cela est terminé. Que voit-on à présent sur la Seine ? De grosses péniches lourdement chargées ! Qu'iraient faire ces enfants sur cette coquille de noix ?

Ils vont chavirer et leur beau rêve avec eux.

— Que vous êtes pessimiste, Monsieur Pirandolle ! Vraiment vous me coupez toute mon inspiration !

— Bonjour ! intervint Nathalie qui descendait pour le petit déjeuner.

En voyant son sourire, Monsieur Pirandolle se dégela d'un seul coup comme une glace à la vanille au soleil.

— Enfin ! Pourquoi pas ? L'idée est charmante... C'est l'été. Il fait beau temps...

Monsieur Pirandolle se raclait la gorge en se demandant sans doute comment justifier un changement d'avis si rapide.

Au bout du jardin, la Seine se prélassait au soleil reflétant tous ses jeux de lumière. Monsieur Pirandolle mit, lui-même, la coquille de noix à l'eau. C'était une grande barque couverte d'un toit de toile.

— Elle est d'époque ! soutint Tante Mimie. Je vois encore ma tante Gabrielle levant ses jupes pour y grimper et l'oncle Félix saisissant les rames...

— Je vous accompagne ! décida Monsieur Pirandolle décidément tout ragaillardi. Il faut bien un homme à bord !

L'onde nous emporta doucement. Ainsi Renoir rêvait-il sa vie conduite par le destin. "Je fais comme un petit bouchon jeté dans l'eau et emporté par le courant ! Je me laisse aller à peindre comme cela me vient. C'est parfois quand on ne fait rien qu'on travaille le plus !" disait-il volontiers.

Vers ces années 1870, Renoir évoluait plus avant vers l'impressionnisme. Comme plusieurs de ses amis artistes, il voulait exprimer une nouvelle manière de voir le monde. Il cherchait à saisir un instant et à fixer cette impression sur la toile.

Tour à tour argentée ou bleue comme un miroir du ciel, la Seine coulait lentement le long des berges verdoyantes où plongeaient les saules aux feuilles frémissantes. Monsieur Pirandolle n'osait plus donner un coup de rame de peur d'abîmer le spectacle. Mais un petit banc de nuages vint soudain tout effacer.

— Si on allait voir plus loin ? dit Pauline.

La Seine à Argenteuil, **1873. Huile sur toile, 46,5 x 65 cm. "On goûtait la journée, la fatigue, la vitesse, le plein air libre et vibrant, la réverbération de l'eau, cette vitesse animale de vivre que fait un grand fleuve fumant, aveuglé de lumière et de beau temps", écrivent en 1865 les frères Goncourt.**

A la Grenouillère, 1869. Huile sur toile, 65 x 93 cm. Les reflets du paysage dans l'eau sont traités en touches séparées. Cette façon de travailler inspirée par le sujet est peut-être à l'origine de la touche divisée qui deviendra la caractéristique des impressionnistes.
A cette époque, Renoir peint très souvent en compagnie de Monet qui lui a sûrement permis d'approfondir sa technique de peinture de plein air.

— Je vous l'avais dit ! grondait Lucien. C'est très dangereux !

Un grand chaland noir arrivait droit sur nous. Il fallait se garer rapidement. On prit chacun une rame. Une ! deux ! trois ! quatre ! En avant toute !

Monsieur Pirandolle était bon capitaine de navire car la manœuvre nous évita le pire. Le monstre passé, la Seine restait agitée d'une forte houle. Pauline se tordait de rire. Moi j'étais un peu malade, comme Fouillis qui avait les yeux fixes !

— L'île de Croissy ! annonça Nathalie. C'est ici que nous allons accoster, sur les lieux mêmes de l'ancienne Grenouillère et du "camembert" !

La Grenouillère et le ponton camembert, n'existaient plus depuis longtemps !

— Tant pis, fromage et cuisses de grenouilles... ce n'est pas vraiment ce que je préfère ! dit Pauline dégoûtée.

— La Grenouillère doit son nom aux jolies "cuisses de grenouilles" qu'exhibaient ici les baigneuses du siècle dernier lorsqu'elles plongeaient dans l'eau en petit-maillot-culotte-courte... ! expliqua Monsieur Pirandolle.

— C'était un bateau flottant, café le jour et dancing la nuit. Tout le monde y dansait, chantait... Dans cet endroit à la mode, les Parisiens venaient le dimanche respirer le bon air de la campagne...

— Nathalie ! Vraiment, vous voyez tout en rose !

— Comme Renoir ! Regardez, dans cette jolie scène de *La Grenouillère*, il s'en donna à cœur joie, ravi d'utiliser sa nouvelle technique. Il appliquait avec vivacité les petites touches de couleurs sorties directement du tube, cette invention si pratique ! Ainsi, il

rend bien le mouvement et la légèreté de cette scène de plein air !

— Et là ! dit Pauline, un petit frère de Fouillis dort sur le "camembert", l'autre met une patte dans l'eau.

Fouillis ayant entendu parler du petit camarade de la Grenouillère, se jeta à l'eau comme pour le rejoindre ! Catastrophe ! Pour le déjeuner à l'auberge Fournaise, il allait arriver comme un rat !

La baignade de la Grenouillère a été décrite très sévèrement par plusieurs écrivains naturalistes, entre autres Maupassant : "Des fainéants ! Des bons à rien, un ramassis de gens plus ou moins honnêtes !" Tout le contraire de la vision qu'en donna Renoir.

Nous arrivions à Chatou...

— L'île des impressionnistes ! annonça Nathalie.

— La voilà ! cria Pauline. C'est la maison Fournaise.

On la reconnut tout de suite. La maison faisait l'objet d'une question du concours.

— On vient de la restaurer ! nous dit Nathalie. Ainsi nous apparaît-elle comme au temps de sa jeunesse où tant de peintres impressionnistes, avides de grand air, s'y retrouvaient. "C'est l'endroit le plus joli des alentours de Paris !" disait Renoir. C'est au balcon du premier étage que s'est déroulé le "déjeuner des canotiers". Du monde se pressait autour des tables. Aline, future épouse de Renoir, était là avec son petit chien et la jolie Alphonsine s'accoudait à la balustrade. Son frère, un malabar en chemisette blanche, était également présent... Vous rappelez-vous tous les personnages ? continuait Nathalie.

Il y avait beaucoup de monde. On n'était pas toujours sûr de leur nom. Certains ont cru reconnaître le peintre Caillebotte à cheval sur sa chaise, grand ami de Renoir et des impressionnistes qu'il aidait de son mieux financièrement. Un mécène donc ! Il y avait sans doute aussi une actrice qui posait sou-

Le restaurant Fournaise vers 1890.
Lieu d'élection des peintres impressionnistes avides de grand air, Renoir le représenta dans un de ses tableaux les plus connus, *Le déjeuner des canotiers*, reproduit à la page 7.

Chatou - Garage Fournaise

vent pour les peintres, un journaliste, un officier de cavalerie, la belle Angèle, fleuriste et modèle des peintres de Montmartre.

Et pourquoi pas un poète, un banquier russe, un fonctionnaire, une actrice de la Comédie-Française… et puis trois ratons laveurs ? Les imaginations allaient bon train.

Par contre, on pouvait reconnaître tous les couvre-chefs : haut-de-forme, chapeau de paille, casquette… Toutes les classes sociales étaient représentées. Renoir racontait qu'il trouvait là autant de filles superbes qu'il pouvait le désirer !

— Bien sûr ! Les peintres ont le regard des amoureux !

— L'amour n'est pas nécessairement aveugle, Monsieur Pirandolle ! Il embellit ceux qui aiment et fait paraître la vie plus jolie…

— Sacrée Nathalie ! fit Lucien Pirandolle en souriant dans sa barbichette.

On grimpa à l'étage. Il était hors de question de déjeuner en bas à l'intérieur !

— Nous sommes les invités de Renoir ! a dit Pauline au maître d'hôtel.

— Ah oui ! Bien sûr !

Il nous a conduits à une table suffisamment grande pour que les amis de Renoir puissent se joindre à nous…

— Rappelez-vous ! L'artiste s'était peint de profil entre ses amis comme s'il ne voulait pas rester tout seul derrière son chevalet ! Même cela, on l'avait trouvé ! Comment n'aurait-on pas gagné le concours ?

Renoir a beaucoup travaillé *Le déjeuner des canotiers*. Sa palette est claire, les contrastes colorés permettent de bien individualiser les visages. Cette caractéristique le différencie de beaucoup d'impressionnistes.

Le lendemain matin, en me levant, je vis la porte de ma chambre entrouverte… Fouillis avait déjà fui dehors. Mais où ? Ce jardin était un vrai labyrinthe.

Tous nous sommes partis à sa recherche. Après avoir beaucoup tourné, nous sommes arrivés sous la tonnelle. Il y avait un banc pour se reposer et une très vieille balançoire.

— Les cordes sont encore solides ! Regardez ! Je me suis élancée vers le ciel !

— A moi ! criait Pauline. C'est mon tour !

Tante Mimie forma un petit rond entre le pouce et l'index contre son œil.

— Cela ferait un joli tableau. Croquer sur le vif, c'était tout l'art de Renoir ! ajouta-t-elle.

Ainsi, petit à petit, nous découvrions tout ce que Renoir aimait. Partout, il poursuivait inlassablement ses recherches pour capter les effets de lumière et rendre le chatoiement des couleurs. Il plantait son chevalet et le miracle se produisait. Cette jeune femme sous une pluie de soleil entre les arbres. Ce moment où elle s'accroche à la corde, où elle sourit, c'est un instant de beauté…

Tout à coup, rompant notre rêverie, un étrange animal dévala la pelouse à grandes enjambées.

— Mon Dieu ! C'est l'émeu ! Que se passe-t-il ? Fouillis apparut hors d'haleine.

— Fouillis ! Ici !

L'émeu passa devant nous rapide et digne !

— C'est mon dernier coup de cœur ! expliqua Tante Mimie. Il allait partir pour le zoo ! Alors je l'ai adopté !

— Qu'est-ce que c'est que cette volaille ?

Monsieur Pirandolle accourait en agitant son journal. Mais l'émeu, hors d'atteinte, chantait sa victoire… Bam ! bam ! bam ! avec un beau bruit de contrebasse !

La balançoire, 1876. Huile sur toile, 92 x 73 cm. La fragmentation de la touche inventée pour traduire les reflets sur l'eau sert maintenant aussi à rendre la lumière dans le feuillage des arbres et tous les éléments naturels d'un paysage. Le tableau joue totalement sur le rapport entre l'ombre et la lumière, sur le contraste entre les couleurs chaudes et les couleurs froides.

Cette toile a été peinte par Renoir dans le jardin de son atelier, rue Cortot à Montmartre qui, à l'époque, est un faubourg encore très vert.

La petite fille fut notre dernière découverte !
Elle était un peu plus petite que Pauline et
tenait un arrosoir à la main…

— Elle vient parfois m'aider à arroser les
fleurs ! affirma Tante Mimie avec un rire far-
ceur.

Il paraît que chez les voisins il y avait beaucoup d'enfants et pas de barrière entre les
jardins.

— C'est ennuyeux pour l'émeu mais pas du
tout pour les enfants ! se réjouissait déjà
Pauline.

Le nœud des cheveux de la petite fille était
exactement du même rouge que les fleurs
derrière elle, comme si elle était sortie du
parterre !

— Rappelez-vous, dit Nathalie, comme
Pierre-Auguste Renoir et son ami Claude
Monet aimaient peindre ensemble les mêmes
paysages : la Seine à Argenteuil, la
Grenouillère… Cependant, très vite, Renoir
préféra peindre les personnages. Pour lui, ils
faisaient partie du paysage. Il les peignait
dans le même plan pour accentuer cet effet.
Les femmes et les enfants l'inspiraient surtout car leur peau tendre et ferme captait
bien la lumière comme les fleurs, les feuilles
et les fruits.

— Est-ce la petite fille qui attendait son tour
pour monter sur la balançoire ? Il me semble
que je la reconnais… ai-je dit.

— Mais elle n'a plus la même robe ! a remarqué Pauline. Celle-ci est beaucoup trop belle
pour travailler au jardin. Elle va la salir !

— C'est vrai, Pauline. Elle est un peu apprê-
tée la petite mademoiselle ! Mais nous allons
voir bientôt comme le pinceau de Renoir peut
être au contraire vif et spontané, comme il
virevolte sur la toile…

Tante Mimie opinait en souriant aux mots de Nathalie. Quel tableau passait maintenant dans ses petits yeux bleus rêveurs ?

— Dimanche, c'est la fête au village ! dit-elle subitement. J'invite tout le monde !

— Oh ! les réjouissances du maire, ce n'est pas mon genre ! soupira Monsieur Pirandolle.

— Eh bien, vous resterez ici ! Puisque vous aimez les pénitences !

L'enfant à l'arrosoir, 1876.
**Huile sur toile,
100, 3 x 73,2 cm.**

Bal du moulin de la Galette, 1876.
Huile sur toile,
131 x 175 cm.
Peintre de la vie moderne, Renoir prend ses sujets dans les manifestations et les lieux que les impressionnistes préfèrent : les sports nautiques et les guinguettes.

Il était quatre heures de l'après-midi. Sur la grand-place à l'ombre des marronniers, tout le monde dansait. Petits et grands s'amusaient et tournoyaient au son de l'orchestre du village. Les musiciens s'époumonaient et gonflaient leurs joues. Malgré cela, les rires et les voix les recouvraient parfois. Monsieur Pirandolle, qui n'avait quand même pas voulu rester tout seul, se consolait du bruit avec un petit blanc. Nous les filles, nous avons dansé toutes les quatre comme des petites folles. Même Tante Mimie qui chantait sur tous les tons : "On se croirait au Moulin de la Galette, Galè-è-te ! Galè-èè-te !" Nathalie jubilait ! Voilà ce qu'elle voulait : que nous ressentions cette atmosphère de fête décrite par Renoir dans un de ses plus

célèbres tableaux où il laisse tourbillonner son pinceau sur la toile au rythme du bal musette du Moulin de la Galette !

— On y mangeait des galettes ?

— Oui, bien sûr ! répondit Tante Mimie, encore tout essoufflée de notre ronde endiablée. C'était un vieux moulin de Montmartre qui s'appelait le Blute-fin. Les anciens meuniers l'avaient aménagé en guinguette. On y faisait des galettes que l'on venait déguster en famille le dimanche, autour des tables où l'on bavardait en buvant de la bière et du vin.

— Comme Monsieur Pirandolle !

D'ailleurs, depuis qu'on était revenus, à notre table, il riait tout le temps. Le spectacle l'enchantait. Il invita même Tante Mimie à danser une petite polka d'autrefois ! Quand celle-ci est revenue avec des joues toutes roses, elle a commandé une tournée de limonades géantes ! Puis, après avoir vidé son orangeade d'un trait, elle enchaîna... Vous vous rendez compte ! Exécuter un tableau de cette dimension sur place ! Renoir avait dû louer un atelier pour abriter sa toile et son matériel. Il prenait ses amis pour modèles. Le matin, il travaillait à l'atelier, il étudiait toujours les coulées mouvantes du soleil à travers le feuillage. Puis l'après-midi, il se rendait au moulin avec son ébauche du bal. On devait l'aider à porter sa grande toile ! Alors, il posait ses touches de couleurs qu'il entrecroisait et fondait les unes dans les autres.

— Je vous emmènerai à Montmartre ! a proposé alors Monsieur Pirandolle. Je connais bien la Butte et son quartier des artistes !

— Monsieur Pirandolle, je vous embrasse ! Vous êtes tellement gentil ! s'est écrié Nathalie.

MOULIN de la GALETTE

— Merci pour votre accueil, Tante Mimie !
Vous avez été formidable !

C'est toujours un peu triste les départs...
Mais notre hôte ne voulait pas nous accompagner. Elle n'aimait pas la ville et elle avait
d'ailleurs énormément de travail.

— Vous viendrez me raconter la suite de
votre voyage !

Maintenant elle agitait son mouchoir, loin
derrière nous, noyée dans l'herbe haute...

— Retournez-vous ! disait Nathalie. Un chemin monte dans l'herbe folle semée de fleurs
sauvages. Des chapeaux de paille, des robes
comme des taches... Tiens ? Serait-ce des
promeneuses enfoncées jusqu'aux genoux
dans l'herbe... ? Qui sont-elles ? Le soleil tape
et l'ombrelle rouge a la couleur des coquelicots. Nous ne saurons pas leurs noms
Qu'importe ! Nous respirons avec elles les
senteurs d'herbe sèche, les parfums de thym
et de menthe sauvage. Nos yeux comme les
leurs sont aveuglés de soleil à cette heure où
le ciel s'embrase dans la chaleur d'un après-midi d'été. Renoir les surprit dans leur promenade. Ses petits coups de pinceau nerveux
brossent autour d'elles l'herbe balayée d'un
vent léger et chaud.

Ce tableau avait fait l'objet d'une question du
concours. Il ne nous était donc pas difficile de
l'imaginer avec son avant-plan bien détaillé,
l'ombre des arbres marquée de petites taches
noires. "Il faut du noir !" disait Renoir
contrairement à ses amis impressionnistes.

— Plus tard, malgré ce chef-d'œuvre parmi
beaucoup d'autres, il se posera des questions... Est-ce vraiment souhaitable de faire
disparaître ainsi les personnages dans la
nature ? Cette technique, où son ami Claude
Monet excelle, est-elle bonne pour lui qui

attache tant d'importance à la figure ?

Lui, le portraitiste, n'allait-il pas perdre la main et noyer ses talents dans des miroitements de lumière ? N'était-ce pas un jeu dangereux ? Un mirage ? Qu'auraient dit les anciens devant cette nouvelle peinture ? Auraient-ils été aussi sévères, aussi cruels que les critiques qui se moquent des impressionnistes "dont les tableaux peuvent se regarder aussi bien à l'envers qu'à l'endroit !" Peut-être était-il temps de revenir à plus de rigueur !

Chemin montant dans les hautes herbes, 1873.
Huile sur toile, 60 x 74 cm.
"Je me bats avec mes figures jusqu'à ce qu'elles ne fassent plus qu'un avec le paysage."

— Paris pour lui était une fête ! commençait Monsieur Pirandolle avec un brin de mélancolie. D'ici, on peut encore imaginer le Montmartre d'autrefois, ses ateliers d'artistes, ses mystérieux jardins ombragés où naissaient tant de chefs-d'œuvre, le poétique Château des Brouillards où vécut Renoir... Les ateliers d'artistes ont presque tous disparu, les rues ont changé de nom ! Malgré tout, le souvenir de ce temps persiste... Plus que tous les autres impressionnistes, il était le peintre de Paris, de ses bals, de ses guinguettes ou de ses salons ! Il peignait ce qui lui faisait plaisir avec le même regard émerveillé...

A ce moment, Monsieur Pirandolle sortit de sa bibliothèque un gros album dont la première page s'ornait d'un titre calligraphié *Paris au temps de Renoir*.

— Mon musée imaginaire ! En cartes postales... ajouta-t-il modestement.

En plus des nombreux tableaux de Renoir dont plusieurs nous étaient déjà bien connus, nous découvrions le monde des actrices, des ballerines, des gens du cirque et aussi des élégants salons parisiens comme celui de Madame Charpentier, épouse d'un éditeur bien connu à Paris, qui protégeait les jeunes artistes. Grâce à elle, ce beau tableau fut exposé au Salon de Peinture de 1879 où il connut un vif succès. Plus tard, il fut acquis

par le Musée du Louvre où peu de temps avant sa mort Renoir put aller le voir…

— C'est le tableau d'un virtuose où la grâce et le naturel des fillettes font habilement oublier l'aspect un peu apprêté de Madame Charpentier, nous dit Monsieur Pirandolle. Le portrait l'attire décidément plus que le paysage mais les techniques impressionnistes lui apportent une vibration lumineuse pleine de poésie et de délicatesse.

— Moi, j'aimerais être peinte avec Fouillis ! déclara Pauline, attendrie par le gros chien couché aux pieds des petites filles…

Fouillis fit des bonds de joie… Bonne chance pour le futur artiste peintre…

Portrait de Madame Charpentier et ses enfants, 1878.
Huile sur toile, 153,7 x 190,2 cm.
Dans les salons de Madame Charpentier se retrouvaient des écrivains, des artistes, des hommes politiques brillants de cette époque : Zola, Daudet, Flaubert, Goncourt, Maupassant, Chabrier, Gambetta… Renoir eut souvent l'occasion de les rencontrer.
Après avoir été exposé au Louvre, ce tableau se trouve aujourd'hui au musée d'Orsay.

*Les demoiselles Cahen
d'Anvers*, 1881.
**Huile sur toile, 119 x 74 cm.
Renoir a fait désormais
son entrée dans la "grande
société" où il s'affirme
comme portraitiste. Il
exécute de nombreuses
commandes qui lui
donnent enfin les moyens
de peindre à son aise et
comme il l'entend.**

En attendant, nous découvrions Elisabeth et Alice.

— Les portraits d'enfants sont les sujets préférés de Renoir ! nous rappela Nathalie. Souvent il les brosse en peu de séances. Quelques petits traits de pinceau vifs, et voilà déjà la robe ! Mais il s'attarde à la chevelure qu'il déploie sur les épaules de l'enfant comme une cape dorée où se reflètent les jeux de lumière d'un bel après-midi d'été. Car c'est le soleil et non l'éclairage de la lampe qui illumine ce portrait de salon sur un fond de rouge ! De ce mélange de tentures et de cheveux où les couleurs se fondent, surgissent des visages doux aux traits bien dessinés.

Tout en écoutant, je m'efforçais sur un bout de papier de recopier le visage d'Alice. Ce n'était pas facile !

— Elle est moche ! disait Pauline par-dessus mon épaule.

J'effaçais et je recommençais...

— Ainsi faisait Renoir quand il recopiait les anciens au musée du Louvre, nous expliquait Monsieur Pirandolle. Il les aimait et les admirait. Il ne voulait pas renoncer au merveilleux apprentissage de ses jeunes années, à cet héritage des grands artistes traditionnels qui excellaient dans l'art du portrait. Là encore, Renoir s'éloignait de la technique impressionniste.

— En tout cas, moi je veux que l'on me voie au moins ! Pour une fois qu'on fera mon portrait !

— Rassure-toi, Pauline ! Il n'y a plus tant de vrais impressionnistes à Montmartre ! a répondu Nathalie qui cherchait dans son sac le bon pour un portrait place du Tertre…

— On y va ? ai-je dit.

Il y avait beaucoup de monde sur la place et une vraie ambiance de fête comme l'aurait aimée Renoir. Des peintres à leur chevalet croquaient de petites scènes. Les portraitistes surtout avaient beaucoup d'ouvrage. On en trouva un qui accepta de nous peindre ensemble ! Pauline bougeait tout le temps. Moi, je me tordais le cou pour voir de l'autre côté du chevalet. Nathalie nous retenait toutes les deux…

— Et le portrait de Fouillis ? demanda Pauline.

Il n'y avait plus beaucoup de place sur la toile, aussi le peintre ne dessina que la queue et deux pattes comme si déjà Fouillis se sauvait !

Nous avons ensuite quitté le village pour descendre en ville... Monsieur Pirandolle tenait beaucoup à nous amener au musée d'Orsay, "ce temple des impressionnistes", disait-il. Ils y étaient en effet fort nombreux, se côtoyant dans les salles comme ils l'avaient fait dans la vie. Tous "impressionnistes" et pourtant tous différents ! Nous nous réjouissions de retrouver ces "Renoir" qui nous étaient maintenant si familiers.

— *La danse à la ville et la danse à la campagne !*
— La valse - hésitation de Renoir ! traduisait Monsieur Pirandolle. D'une part, la fine élégance de la Parisienne. D'autre part, le charme de la fraîche campagnarde. La précision du dessin et la fantaisie du pinceau...
— Moi, j'ai choisi ! dit Pauline. Je préfère la robe à fleurettes !
— C'est Aline, la femme de Renoir, qui pose pour ce portrait. Aline Charigot, paysanne née à Essoyes en Bourgogne d'un père vigneron. Ronde aux joues roses, éclatante. Elle aime les fleurs, les potagers, les déjeuners au jardin... Aline, mère de trois fils qui, tous, lui ressemblent !

— Et l'autre dame ? ai-je demandé. Qui est-elle ?

— C'est Suzanne Valadon, modèle des artistes et elle-même peintre de talent. Elle est la mère du célèbre Utrillo, peintre de Montmartre. Elle pose ici dans une somptueuse robe de taffetas chatoyant dont chaque pli est dessiné avec netteté…
Je la trouvais très chic !

— On sent le tissu qui croque ! ajouta Nathalie. Regardez ! Renoir n'a pu résister au plaisir de lui planter une petite rose dans les cheveux ! La touche de charme…

— Et le fond de verdure dans le salon ! nous fit observer Monsieur Pirandolle. Le goût de Renoir pour le plein air apparaît même dans ses toiles d'intérieur !

Danse à la ville. Danse à la campagne, 1882 - 1883. **Deux huiles sur toile, 180 x 90 cm.**
Renoir, le peintre du bonheur, n'était pas pour autant un peintre sans problèmes, car il était toujours en conflit avec lui-même. Pendant toute sa période impressionniste de 1872 à 1883, il aura un métier d'une diversité étonnante, posant la couleur tantôt en touches épaisses, tantôt en touches minces, tantôt en touches séparées, tantôt en touches fondues les unes dans les autres. Mais il maîtrise toujours toutes ces techniques qu'il met au service de ses émotions.

Monsieur Pirandolle nous montra alors une reproduction dans le livre qu'il avait emporté. Soudain, nous apparut un Renoir très différent de celui que nous croyions déjà bien connaître !

— Un artiste appliqué qui semblait préférer sa plume au pinceau… disait Nathalie. Il pleuvait sur Paris et on ne voyait même plus la pluie, mais les courbes des parapluies ouverts, l'ovale du panier de la jeune femme, le cercle du cerceau de l'enfant !

— Qu'est-ce que c'est un cerceau ? a demandé Pauline.

— Un des jeux préférés des enfants d'il y a cent ans. Comme si tu courais derrière une roue de vélo en la poussant avec un bâton ! Pauline s'est esclaffée. Pourtant, je parlais sérieusement !

Monsieur Pirandolle reprit :

— Cet aspect soigné montre la nouvelle tendance de Renoir qui se méfie de l'impressionnisme et veut appuyer sa peinture sur un dessin solide qui ne se fond plus dans des ambiances atmosphériques… Tout est net, peint en bleu, couleur volontairement froide.

— Sans dépasser ! a dit Pauline. Sauf dans le petit coin à droite !

Dans les tableaux de Renoir, Pauline repérait toujours les enfants. Il y en avait beaucoup…

— Il les aimait tellement qu'en les peignant il oubliait ses nouveaux principes. La ligne s'adoucissait d'elle-même. Ses pinceaux habiles brossaient avec tendresse les petits chapeaux, les mains potelées, les fourrures, les dentelles, les joues rondes, sans aucune contrainte.

Pauline était montée sur les genoux de Nathalie en suçant son pouce ! Quel bébé ! A huit ans !

— "J'ai repris, pour ne plus la quitter, l'ancienne peinture douce et légère..." nous murmurait maintenant Nathalie en extase devant *Les jeunes filles au piano*. C'étaient les mots mêmes de Renoir !

Il n'avait pas eu tort ! Quel succès ! Il y avait bien vingt personnes devant ce tableau ! Qu'allaient jouer les jeunes filles ? *La lettre à Elise* de Beethoven peut-être ? J'avais commencé à la déchiffrer avant les vacances et Pauline m'aidait en essayant de tourner la page au bon moment...

— Si douce et si légère... cette couleur, ces roses, ces verts qui paraissent couler à travers le tableau le long de la tenture, des murs, des robes et des chevelures. Renoir n'a plus d'incertitudes. Il est arrivé à l'accord parfait avec lui-même...

Nathalie parlait bas et pourtant, autour de nous, tous les visiteurs avaient envie de l'écouter. Les gens se rapprochaient du tableau comme s'ils allaient prendre place dans ce salon pour entendre la musique.

— Elle a sûrement du talent ! dit une dame à Nathalie. Il suffit de voir la façon dont elle pose les doigts sur le piano ! La couleur devient musique.

Monsieur Pirandolle avait l'air étonné. Mais pourquoi pas, Renoir n'avait-il pas toujours été un peu magicien ? Sans doute n'avions-nous pas encore fini de le découvrir maintenant qu'il avait enfin trouvé sa manière de peindre, cet équilibre entre la figure bien dessinée et la souplesse des formes dans le chatoiement des couleurs.

Jeunes filles au piano, 1892. Huile sur toile, 116 x 90 cm.
"J'ai repris, pour ne plus la quitter, l'ancienne peinture douce et légère... Ce n'est rien de nouveau, mais c'est une suite aux tableaux du XVIIIe siècle... Fragonard en moins bien", a dit Renoir à propos du travail de cette période. Il a renoncé à la délimitation des contours. Il utilise une palette vive où dominent les jaunes, les oranges et les rouges qui donnent une impression de luxe et de confort caractéristiques de ses dernières réalisations.

Jeune fille assise, 1909. Huile sur toile, 65 x 54 cm. Gabrielle descendit à Paris un soir de l'été 1894... Quand elle arriva au Château des Brouillards, elle s'exclama : "Le beau jardin ! Il n'y a pas de fumier !" Renoir adorait ce château acheté en 1889, situé dans un coin pittoresque de Montmartre, pauvre et poétique, avec les chèvres, les lilas et les acacias, les rosiers, les marronniers ; on se serait cru dans un village.

Pauline gambadait en avant vers la sympathique *Jeune fille assise*, Gabrielle, cette cousine qui était venue aider Aline lors de la naissance de Jean.

— Jean est le deuxième fils de Renoir né en 1894. C'est lui qui deviendra un grand cinéaste, nous rappela Monsieur Pirandolle.

— Gabrielle va désormais faire partie de la famille. Elle a seize ans, fille de vignerons elle aussi, issue de cette belle terre de Bourgogne. Simple et naturelle, comique dans ses réflexions inattendues, elle sera adorée des enfants. Elle est pour eux une

compagne de jeux. Ils l'appellent Gabi-bon,
Bibon... Ga... Elle deviendra un des modèles
préférés de Renoir. Elle et le petit Jean lui
apportent une fraîcheur, une sorte de prin-
temps dont il a toujours besoin pour
peindre... continuait à raconter Monsieur
Pirandolle comme pour lui-même.

— Et pourtant, intervint Nathalie doucement, tout n'est pas parfait pour Renoir. Ce
bonheur qu'il n'arrête pas de peindre, ce
monde que toujours il embellit, cache aussi
des tristesses, des soucis, des douleurs, la
maladie qui d'année en année l'envahit.
Renoir malade ! On ne pouvait l'imaginer !

— Il souffrait d'un terrible rhumatisme dont
il n'allait jamais guérir. Cependant, à son
chevalet, les brosses aux doigts, il oublie tout.
Il chantonne en peignant. Il ne se plaint pas.
Il combat le mal par sa peinture ! Il peint
malgré une paralysie de l'œil, malgré un bras
immobilisé à la suite d'une chute de vélo,
malgré ses mains qui commencent à se défor-
mer et bien qu'il ne puisse plus monter l'escalier... Mais ne plus peindre, c'est mourir !
Nous restions stupéfaites ! Le peintre du bonheur, de la danse, des fleurs, des jeunes
femmes et des enfants, était très malade.

— Il n'en laissait rien paraître. Il était toujours de bonne humeur ! dit M. Pirandolle.

— Il était très courageux ! ajouta Pauline
qui n'osait pas avouer qu'elle avait un
peu mal aux jambes à force de rester
longtemps debout devant un tableau...
Nous avons laissé Gabrielle sage-
ment assise devant celui qu'elle
appelait "le patron" avec son
joli chemisier du dimanche, à
regret comme on quitte une
amie...

Pour nous retrouver devant les énormes baigneuses qui nous avaient tant étonnées la première fois que nous les avions vues ! La question subsidiaire du concours suggérait aux concurrents de livrer leurs impressions devant ce tableau.

— Je vois des dinosaures, s'exclama Pauline, en riant.

— D'après Nathalie, ce n'était pas mal trouvé. Renoir n'avait-il pas voulu peindre le temps révolu du paradis terrestre où de belles géantes se promenaient dans un jardin à leur mesure.

— Attention ! cria le gardien. On doit se tenir à distance de la toile.

Monsieur Pirandolle sursauta comme s'il était chassé d'un coup de l'Eden ! Moi, j'étais fascinée par le joli chapeau de paille déposé dans l'herbe. Portait-on des chapeaux au paradis ? Nathalie me tira de ma rêverie. Je l'entendis raconter que ces grandes baigneuses avaient été peintes par Renoir, alors très handicapé. A la fin de sa vie, l'artiste, perclus de rhumatisme, avait du mal à tenir ses brosses.

On n'avait plus envie de plaisanter. Au contraire, on était pleins d'admiration pour cette performance d'un homme qui, dans l'enfer de la douleur, décrivait encore le paradis, la beauté luxuriante de la nature et la joie de se baigner.

— Cette opulente représentation du nu féminin, ces formes pleines, cette impression de relief annoncent le goût que Renoir aura pour la sculpture ! nous faisait aussi remarquer Monsieur Pirandolle.

— Vous pensez certainement à la Vénus du jardin de Renoir à Cagnes ! dit alors Nathalie.

Je savais qu'il y avait un bon pour la visite de ce jardin... Vraiment on avait de la chance ! Mais toutes ces émotions nous avaient creusé l'appétit.

— Nous allons au buffet de la gare ! annonça Nathalie avec un petit sourire.

Ce n'était pas n'importe quel buffet de n'importe quelle gare !

— C'est un buffet du roi ! déclara Pauline, subjuguée par les montagnes de profiteroles et les merveilleuses îles flottantes...

Paris derrière la fenêtre baignait dans la lumière dorée de midi.

Si Tante Mimie avait été là, elle aurait planté son chevalet en plein air et peint la foule multicolore sur les ponts...

— Si on lui envoyait une carte postale du musée ?

Ce qui fut fait avant de partir.

Les baigneuses, 1918 - 1919. Huile sur toile, 110 x160 cm.
" Mon paysage n'est qu'un accessoire ; en ce moment je cherche à le confondre avec mes personnages."
"C'est maintenant que je n'ai plus ni bras ni jambes que j'aimerais peindre de grandes toiles."
Renoir possédait un chevalet spécialement conçu pour les grandes toiles, qui ressemblait à un immense écran monté sur roulettes lui permettant de travailler dans les dimensions qu'il souhaitait.
Ce tableau a été peint par Renoir l'année de sa mort.

— Ce n'est pas tout ! dit Monsieur Pirandolle qui nous entraînait à grandes enjambées le long des quais vers un autre musée de son cœur… l'Orangerie !

Le temps n'allait-il pas paraître trop long à Fouillis qui passait la journée chez la voisine de Monsieur Pirandolle ? Heureusement, il avait un petit copain pour jouer avec lui. Il avait un drôle de nom : Croque-Monsieur ! car il aboyait dès qu'il apercevait un pantalon.

Quel monde dans ce musée sympathique !

Il a fallu retenir Pauline qui avait envie de courir dans la rotonde où étaient accrochés les premiers tableaux.

— C'est un carrousel ! disait-elle.

Mais elle s'arrêta net en voyant l'éclatant petit clown rouge qui nous attendait au-dessus de l'escalier. C'était comme si on le connaissait depuis longtemps. Cette petite figure ronde agréable à regarder, cette douceur n'appartenaient qu'à Renoir !

— "Des figures en pot de fleurs !" disait méchamment son sévère ami Degas. Mais s'il avait l'ironie facile, il appréciait tout de même beaucoup le talent de son confrère et l'encourageait dans les durs moments. Tous les impressionnistes en effet avaient des difficultés pour faire reconnaître leur peinture si neuve, si différente !

Monsieur Pirandolle poursuivit en nous présentant le troisième fils de Renoir, Claude dit Coco, né à Essoyes dans la maison natale d'Aline, sa mère, en août 1901. A ce moment l'état de santé de Renoir empire. Ses mains se déforment. Il marche avec deux cannes ! Mais la présence de Coco lui fait oublier le mal qui lentement le paralyse. Quel merveille ce bébé dodu ! Que c'est beau la vie qui

Claude Renoir en clown,
1909.
**Huile sur toile, 120 x 77 cm.
La joie de vivre éclate sur
la toile de l'artiste malgré
ses mains qui se
paralysent et qu'il s'efforce
d'exercer avec une petite
balle qu'il lance en l'air et
qu'il rattrape.**

commence. Il peint sa femme. Il peint son
enfant. Sur ce tableau, Coco a huit ans. Il est
habillé en clown avec des bas de laine qui lui
grattent la jambes ! S'il ne s'impatiente pas,
c'est parce qu'ainsi il manque l'école !

— Tiens, voilà encore Coco avec sa drôle de petite tête ronde !

— Quels longs cheveux pour un garçon !

— Renoir ne voulait pas qu'on coupe les cheveux de ses garçons ! nous expliqua Nathalie. "Ces cheveux, c'est de l'or ! Du soleil", disait-il. Son regard s'émerveille toujours devant l'enfant qu'il peint et qu'il saisit dans ses occupations habituelles. Coco joue aux petits soldats ! Qui décrirait avec plus de charme et de naturel le monde des enfants que Renoir ? Tous ces portraits d'enfants, c'était un peu son album de famille !

— Comme nos photos quand on était petites ! dit Pauline.

Monsieur Pirandolle ajouta que l'atelier de Renoir était plein de jouets d'enfants.

— Son fils Jean a raconté cela dans un livre qui rassemble les souvenirs de son père. Je vous le prêterai ! Regardez bien ces rouges éclatants, cette joie de vivre ! Elle va s'épanouir encore sous une autre lumière plus vive, la lumière du Midi… Renoir y fait des séjours de plus en plus nombreux. Son état de santé l'exige. Un jour, il décide d'acheter une jolie propriété sur les hauteurs de Cagnes qu'il connaît bien…

On avait tellement parlé, on avait tant regardé que le musée allait maintenant fermer ses portes. Nous nous sentions bien dans ce lieu qui était comme notre maison avec des enfants qui devenaient des amis. Mais nous avions encore plein de projets. De quoi se réjouir !

Claude Renoir jouant,
1905.
Huile sur toile, 46 x 55 cm.
Plus la souffrance devenait intolérable, plus il peignait... Les portraits de Coco s'accumulent. Renoir peignait toujours ses enfants en pleine occupation. Claude est absorbé par son jeu de petits soldats...

— Vous nous accompagnez ? avait dit Nathalie à Monsieur Pirandolle.

Il s'était fait un peu prier... Le soleil, la chaleur, les moustiques.

— Et le chant des cigales ? Monsieur Pirandolle ! Les oliviers, la garrigue, la lavande, la mer bleue ?

Nathalie, en parlant de sa Provence natale, retrouvait une pointe d'accent du terroir ! Elle avait grandi dans un petit village perché dans la montagne autour de Grasse...

Le lendemain matin, nous avons pris la route du Midi avec Monsieur Pirandolle, son chapeau de paille, ses lunettes de soleil et un flacon de citronnelle... Ainsi rassuré, il était redevenu intarissable.

— Renoir avait été le peintre de la vie parisienne, mais il avait aussi tant aimé la Provence qu'après de multiples séjours pour raison de santé, il y devint propriétaire d'un

merveilleux morceau de colline planté d'oliviers centenaires.

— Un paradis qui s'appelait "les Collettes", enchaînait Nathalie. Avec une petite ferme et une grande maison pleine d'enfants, d'amis... ! Une maison où Aline faisait régner la joie et la bonne humeur !

— Renoir y fut très heureux ! ajouta Monsieur Pirandolle, gagné par l'enthousiasme. Et son art s'y épanouit totalement. C'est la période nacrée... comme la lumière vibrante du midi, irisée...

Vue de Cagnes.

— Comme les boutons de mon chemisier qui ont des reflets de toutes les couleurs ! dit Pauline très attentive.

L'autoroute traversait des espaces de montagnes rouges ou bleutées.

— L'une d'elles, la montagne Sainte-Victoire, inspira de nombreux peintres dont Renoir et surtout son ami Cézanne, natif de ce pays, chez qui il faisait parfois des séjours...

Ceci dit, Monsieur Pirandolle s'épongea le front et s'endormit d'un seul coup comme Fouillis ! Tous les deux vaincus par la chaleur ! J'ai dû aussi un peu dormir. Ce fut le chœur des cigales dans les pins qui bordaient la route qui me réveilla.

Nous y étions ! Devant nous, le vieux village de Cagnes, dominé par son château médiéval, s'étageait sur la colline. La route avait été longue et nous savourions la fraîcheur parfumée qui montait de la campagne embrasée d'un soleil rose !

— Le rose va imprégner toute l'œuvre de la période cagnoise de Renoir ! nous dit Nathalie. Vous verrez !

51

Il était temps de visiter la célèbre maison de Renoir !

Monsieur Pirandolle en veste de toile et chapeau de paille semblait aller rendre visite à un ami de longue date ! Il est vrai qu'en franchissant la porte de la maison de Renoir, on s'attendait presque à le voir ! Rien n'avait changé. Ni la salle à manger, ni le salon avec ses fauteuils roses en tapisserie choisie par Aline. Ni les chambres où le manteau de Renoir était toujours accroché au portemanteau... Ni la salle de bains avec la grande baignoire où on le plongeait dans l'eau chaude pour atténuer ses douleurs. Ni surtout l'atelier ! Devant la chaise roulante vide, une toile achevait de sécher sur le chevalet... Sur une petite table, ses boîtes de couleurs étaient ouvertes et les tubes étaient déjà pressés par Aline car Renoir ne pouvait plus

se servir de ses doigts...

— On lui protégeait les doigts avec des bandelettes de toile pour qu'il puisse continuer à peindre sans se blesser ! nous souffla Pirandolle tout bas comme si

La ferme des Colettes, 1915.
Huile sur toile, 46 x 51 cm.
"C'est si bon de se laisser
aller à la volupté de
peindre."

Renoir pouvait nous entendre !

Comme tous ceux qui venaient ici, nous cédions à la magie des lieux.

— Voilà la petite ferme qu'il aimait tant ! nous dit Nathalie.

C'est un peu pour elle qu'il avait acheté le domaine. Trop petite pour l'habiter, il la peignit très souvent. Au milieu d'une végétation luxuriante, elle resplendissait dans la lumière matinale ocre rose comme la terre dorée par le soleil. D'ici on ne la voyait pas, mais par la fenêtre on admirait ces mêmes oliviers que déjà Renoir contemplait, ces orangers, ces collines, Cagnes et la tache bleue de la mer...

— Je m'installerais bien ici ! soupirait Monsieur Pirandolle ébloui.

— Je suis ravie que vous ne regrettiez pas d'être venu ! lui dit Nathalie.

Fouillis nous attendait au jardin où nous allions enfin rencontrer nos ex aequo Nagette et Julien qui, comme nous, avaient gagné le concours "Dans les pas de Renoir".

— Soyez à 16 heures précises au rendez-vous, nous avait dit l'éditrice. C'était la dernière surprise de notre voyage.

Pauline se précipita.

— Bonjour ! Tu habites donc ici ? lui demanda-t-elle.

— Oui ! Tout en bas ! Mais nous revenons de Paris !

— Nous avons fait le voyage en sens inverse.

Nagette était très bavarde. Elle connaissait le jardin de Renoir par cœur.

— Ici, dit-elle, c'est le grand tilleul sous lequel il aimait venir s'asseoir pour contempler la vue sur Cagnes.

Nous nous y sommes installés et Julien nous a montré une œuvre de Renoir exposée dans la maison qu'il avait recopiée. C'était difficile même si c'était des pommes.

Nathalie nous apprit que Renoir avait fait construire au jardin un atelier vitré pour pouvoir travailler dans la lumière vivante du plein air malgré ses rhumatismes. L'atelier avait disparu. Par contre, la petite ferme était toujours là avec son four à pains, au milieu des fleurs et de l'herbe sauvage. La lumière de fin d'après-midi la faisait apparaître rose et dorée comme dans le tableau de Renoir. Nous aussi, nous commencions à avoir l'œil impressionniste...

Monsieur Pirandolle s'en était allé à la découverte des oliviers dont les formes sculpturales le fascinaient, vénérables vieillards, noués, tordus, crevassés et ridés par le temps.

— Par contre, la grande sculpture de Renoir, au pied de la terrasse a l'air en pleine forme comme ses baigneuses ! ai-je remarqué.

— A cause de ses infirmités, Renoir était incapable de sculpter, nous expliqua Monsieur Pirandolle. Il faisait des croquis que des amis sculpteurs exécutaient. Il avait toujours des projets malgré ses souffrances intolérables. "J'ai encore des progrès à faire", disait-il à la veille de sa mort.

Venus vitrix.
Richard Guino, élève de Maillol, exécutait les sculptures de Renoir. "Regardez les nus de Renoir, ça c'est de la sculptures !" se serait écrié Maillol.

— Le matin du jour où il se coucha pour ne plus se relever, il demanda sa boîte de couleurs et ses pinceaux et peignit des anémones qu'on était allé lui cueillir. Pendant plusieurs heures, il oublia son mal. Puis il fit signe qu'on lui reprît son pinceau et dit : "Je crois que je commence à y comprendre quelque chose."

Portrait de l'artiste au chapeau blanc, 1910. 42 x 33 cm.

C'est son fils Jean qui a raconté ses derniers moments.

Avant de partir, nous sommes retournés dans la maison comme pour dire un dernier au revoir à Renoir. A la librairie, nous avons acheté un cadeau pour Tante Mimie, le portrait de Renoir comme il se voyait lui-même à la fin de sa vie. Nous avons tous signé au dos de la reproduction même, Nagette et Julien.

— Un jour, vous devriez aller la saluer ! a suggéré Pauline. Plus il y a d'enfants, plus elle est contente !

Nathalie a dit qu'elle allait encadrer le portrait pour le lui offrir.

— Tu viens, Fouillis ! On s'en va !

— Dommage qu'il n'y ait pas plus souvent d'aussi beaux concours ! a dit Monsieur Pirandolle.

PROMENADES

L'œuvre de Renoir peut être vue dans tous
les grands musées du monde.

En France, vous découvrirez une riche collection de ses tableaux au Musée d'Orsay, 1, rue
de Bellechasse, 75007 à Paris.

Tél. 40. 49. 48. 14.

Du mardi au samedi, ouvert de 10h00 à
18h00, sauf le jeudi de 10h. à 21 h. 45, le
dimanche de 9 h. à 18 h.

Au bureau d'accueil, vous serez tenu au courant des ateliers et des visites gratuites
réservées aux enfants.

Attention ! pour les ateliers, il faut réserver !
Tél : 45. 49. 48. 14, poste 4327 ou 4391.

Les impressionnistes se trouvent au niveau
supérieur.

Si vous désirez vous replonger dans l'air du
temps, n'hésitez pas à monter la butte
Montmartre. Au numéro 100 de la rue Lepic,
se dresse le Moulin de la Galette, mais il
n'est pas possible de le visiter. A quelques pas
de là, comme Pauline, vous pourrez vous
faire croquer le portrait par des artistes sur
la place du Tertre.

Bien sûr, aux alentours de Paris, il sera inté-
ressant et agréable d'aller sur les bords de
Seine comme le firent les artistes de l'époque.
Le SIVOM des Coteaux de Seine a édité une
jolie carte reprenant les chemins des impressionnistes : Bougival, Chatou, Croissy,
Louveciennes, etc.

Des reproductions sur plaques émaillées de
plusieurs tableaux impressionnistes sont
plantées sur les lieux mêmes de leur créa-
tion.

Bien sûr, si vous en avez l'occasion, allez prendre place à la table des canotiers au restaurant de la Maison Fournaise, dernière survivante des guinguettes qui s'échelonnaient sur la Seine d'Argenteuil à Bougival. Un musée municipal est installé à l'étage supérieur de la demeure et dans le garage à bateaux. Sa vocation principale est d'organiser des expositions destinées à faire revivre l'esprit de l'époque des impressionnistes.

Le musée est ouvert du mercredi au dimanche de 10 h. à 17 h.

Par le RER, c'est à 15 minutes de la Place de l'Etoile.

Tél : 34. 80. 63. 22.

Et bien entendu, une visite aux Colettes de Cagnes-sur-Mer complétera merveilleusement le voyage sur les pas de Renoir.

La demeure de l'artiste est restée en son état d'habitation et de séjour. On pourra y voir son fauteuil, son chevalet, ses pinceaux… Une manière émouvante de pénétrer dans la vie du peintre.

10 toiles du maître sont exposées en permanence ainsi que des sculptures. Vous pourrez également vous promener dans un magnifique jardin aux oliviers presque millénaires.

Ouvert tous les jours, sauf le mardi.

Du 16 novembre au 30 avril : de 10 h. à 12 h. et de 14 h. à 17 h.

Du 1er mai au 14 octobre : de 10 h. à 12 h. et de 14 h. à 18 h.

Tél : 93. 20. 61. 07

Repères biographiques

1841	Naît le 25 février à Limoges.
1854	Entre comme apprenti chez un décorateur de porcelaine à Paris.
1856	Suit des cours de dessin, le soir.
1862	Entre dans l'atelier de C. Gleyre à l'Ecole des beaux-Arts.
1864	Au cours de séances en plein air à Fontainebleau, avec ses amis peintres, rencontre Diaz.
1866	Peint des vues de Paris avec Monet. Est refusé au Salon.
1867	Signe la pétition du Salon des Refusés avec Pissarro, Sisley et Bazille. Réalise *Lise à l'ombrelle* qui sera exposé au Salon l'année suivante.
1868	Peint les portraits de Sisley et Bazille.
1869	Habite à Ville-d'Avray avec Lise Tréhot. Peint *La Grenouillère* avec Monet et fréquente les réunions du Café Guerbois autour de Manet.
1873	Rencontre Durand-Ruel, célèbre galeriste dont les premiers achats lui permettent de s'installer dans un spacieux atelier à Montmartre. Deux tableaux au Salon des Refusés.
1874	Première Exposition impressionniste. Devient l'ami de G. Caillebotte.
1876	Peint *La balançoire* et *Le bal au Moulin de la Galette*. Seconde Exposition impressionniste.
1881	Voyage en Italie et à Alger.
1882	Pneumonie. Second voyage à Alger.
1883	Exposition particulière en avril. Réalise *La danse*. Voyage dans le Midi avec Monet où il rencontre Cézanne.
1884	Travaille à Paris et à La Rochelle et cherche un nouveau style pour se détacher de l'Impressionnisme. Commence sa période "ingresque".
1885	Naissance de son premier fils, Pierre.
1894	Naissance de son deuxième fils, Jean, le futur cinéaste. Peint de nombreux paysages et des scènes d'intimité.
1901	Naissance de Claude, son dernier fils.
1905	S'installe dans le Midi, à Cagnes-sur-Mer. S'intéresse à la sculpture. Réalise *Venus vitrix* et fait une série de nus.
1919	Meurt à Cagnes-sur-Mer.

Où se trouvent les tableaux

Imprimé en Belgique, mars1996.
Dépôt légal mars1996 ; D1996/0053/9
Déposé au Ministère de la Justice, Paris
(loi n°49.956 du 16 juillet 1949 sur les publications destinées à la jeunesse.)